TABLEAUX DÉTAILLÉS

DE LA

MENUISERIE;

PRIX

DE MARCHANDAGE,

FAÇON ET POSE,

PAR M. AUSSEUR,

TOISEUR VÉRIFICATEUR.

PARIS,

…EUR, RUE DES BRODEURS, N° 6,

…N GOEURY, QUAI DES AUGUSTINS, N° 41.

1829

TABLEAUX DÉTAILLÉS

DE LA

MENUISERIE.

Tout exemplaire qui ne porterait pas, comme ci-dessous, la signature de l'auteur, sera réputé contrefait.

IMPRIMERIE DE HUZARD-COURCIER,
rue du Jardinet, n° 12.

TABLEAUX DÉTAILLÉS

DE LA

MENUISERIE;

PRIX

DE MARCHANDAGE,

FAÇON ET POSE;

PAR M. AUSSEUR,
TOISEUR VÉRIFICATEUR.

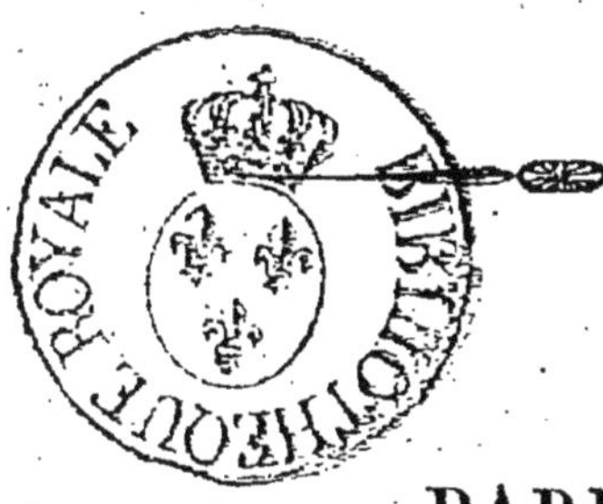

PARIS,
L'AUTEUR, RUE DES BRODEURS, N° 6;
CARILIAN-GOEURY, QUAI DES AUGUSTINS, N° 41.

1829

TABLEAUX DÉTAILLÉS

DE LA

MENUISERIE.

AVANT-PROPOS.

La menuiserie est sans contredit la partie la plus compliquée et la plus minutieuse du bâtiment.

Il est de toute nécessité, pour en bien estimer la valeur, d'avoir une connaissance exacte du prix du bois qu'elle renferme, et de la dépense qu'occasionent sa façon et sa pose.

Pour simplifier les mémoires et en diminuer les nombreux articles, il faut nécessairement réunir ensemble bien des ouvrages qui, par leur nom et leur destination, sont loin d'avoir quelque analogie.

Ce ne peut être que lorsqu'à quantité égale de bois, avec même déboursé pour la façon et la pose, que plusieurs objets peuvent être confondus ensemble pour en faire un même et seul article.

Les vérificateurs et les entrepreneurs connaisseurs sont bien persuadés de ces raisons; mais ils n'ont pas toujours présentes à leur mémoire les estimations de main-d'œuvre qui conviennent à tel ou tel ouvrage.

Quand on connaît le mode de livraison du bois, la grosseur de son échantillon, son prix rendu à l'atelier, et le déchet qu'il éprouve dans son emploi, il est facile de se rendre compte pour combien d'argent il en entre dans une partie de menuiserie.

Il n'est pas aussi facile de dire ce que vaudra de façon ce même ouvrage, si l'on n'a pas des tableaux détaillés qui ne soient variables qu'en proportion du prix des journées.

Il existe très peu de ces tarifs de prix de façon, et il n'en existe point pour la pose que l'on puisse donner pour base.

Les compagnons marchandeurs n'ont souvent que des prix que l'usage a reçus et que l'habitude leur a fait retenir : ils les appliquent à tort et à travers aux articles de leurs mémoires. De là résulte souvent que, pour éviter de faire des demandes qui soient à leur désavantage, ils en font qui sont beaucoup trop exagérées.

Avec des prix bien détaillés et établis proportionnellement aux grosseurs des bois, nuancés suivant le plus ou le moins de corroyage, d'assemblage et de richesse de profils qu'aura exigé un ouvrage, un entrepreneur pourra régler lui-même les mémoires de ses marchandeurs, et ceux-ci pourront aussi s'assurer de la justesse du règlement.

Ce n'est pas d'après ce que peut faire d'ouvrage un seul ouvrier que l'on doit établir des bases générales. C'est la quantité moyenne de ce que peuvent faire le plus fort et le plus faible ouvrier, parce que l'adresse, l'intelligence, et la connaissance de *l'Art du Trait*, plus ou moins acquise (1), sont plus nécessaires dans cette

(1) Les ouvriers qui voudraient apprendre sans maître le dessin propre à leur état, trouveront chez Carilian-Gœury, quai des Augustins, un *Traité de l'Art du trait du menuisier*, par le même auteur.

profession que la force physique, qui n'a d'avantage que pour les travaux grossiers.

Il en est de même de la pose, qui, dans son estimation, a encore des différences qui tiennent plus aux circonstances qu'à l'habileté de l'ouvrier, par les emplacemens plus ou moins réguliers, plus ou moins commodes. C'est surtout dans les réparations de vieux bâtimens que les difficultés se rencontrent : quelquefois de de deux toises de même nature d'ouvrage, l'une aura exigé le double de temps pour la pose que l'autre; aussi, les prix de pose ne peuvent s'établir avec un peu de justesse que pour les travaux faits en grande quantité dans des bâtimens neufs.

La connaissance que j'ai acquise de cette partie de bâtimens, par une longue expérience, m'a fait entreprendre d'établir des prix pour les ouvrages de menuiserie. Si le premier cahier, qui comprend la façon et la pose, remplit le but que je me suis proposé, d'être utile aux entrepreneurs comme aux compagnons menuisiers, je donnerai par suite le deuxième, qui comprendra les prix de la menuiserie fournie.

Quoique les prix qui vont suivre soient établis pour les travaux ordinaires du bâtiment, confectionnés suivant toutes les règles de l'art, ils peuvent cependant éprouver une variation suivant les circonstances; car un maître menuisier qui aura soumissionné une grande quantité d'ouvrage, pourra à son tour proposer à ses marchandeurs une diminution uniforme sur ces prix.

De même qu'un marchandeur qui ne serait occupé que partiellement dans un atelier à des ouvrages détachés de peu d'importance, en petite quantité, ou d'un fini plus soigné, pourrait prétendre à une augmentation sur ces prix.

La plupart des ouvriers, et quelques entrepreneurs même, n'étant pas encore bien familiarisés avec les mesures métriques, j'ai dû établir ces prix pour la toise usuelle (l'ancienne toise étant proscrite par les ordonnances du 10 mars 1829). Cette mesure est peu différente de l'ancienne, qu'elle n'excède que de 22 lignes environ; elle est égale à deux mètres.

Dans tous les cas, le prix du mètre deviendra facile à trouver, puisqu'il sera ou la moitié ou le quart de celui de la toise, suivant que l'ouvrage sera compté ou en linéaire ou en superficie.

Prix de façon d'une toise courante de tringles, plinthes, alaises, chams et ébrasemens.

Jusqu'à la largeur de	De 5 à 10 lignes d'épaisseur.			
	à 1 parement dressé.		à 4 paremens.	
	Sapin.	Chêne.	Sapin.	Chêne.
1°	0f 06	0f 07	0f 12	0f 14
2	0 08	0 10	0 16	0 20
3	0 09	0 11	0 18	0 23
4	0 10	0 12	0 20	0 26
5	0 11	0 14	0 22	0 29
6	0 12	0 16	0 24	0 32
7	0 13	0 18	0 26	0 35
8	0 14	0 20	0 28	0 38
	De 11 à 13 lignes d'épaisseur.			
1°	0f 07	0f 08	0f 13	0f 16
2	0 09	0 12	0 18	0 24
3	0 10	0 14	0 20	0 28
4	0 11	0 16	0 22	0 32
5	0 12	0 18	0 24	0 36
6	0 13	0 20	0 27	0 40
7	0 15	0 22	0 30	0 44
8	0 17	0 24	0 33	0 48

Alaise, chams, etc.

Jusqu'à la largeur de	De 14 à 16 lignes d'épaisseur.			
	à 1 parement dressé.		à 4 paremens.	
	Sapin.	Chêne.	Sapin.	Chêne.
2°	0f 10	0f 14	0f 20	0f 28
3	0 11	0 16	0 23	0 32
4	0 12	0 18	0 26	0 36
5	0 14	0 20	0 29	0 40
6	0 16	0 22	0 32	0 45
7	0 18	0 24	0 35	0 50
8	0 20	0 27	0 38	0 55
	De 17 à 19 lignes d'épaisseur.			
2°	0f 11	0f 16	0f 22	0f 32
3	0 13	0 18	0 26	0 37
4	0 15	0 20	0 30	0 42
5	0 17	0 23	0 34	0 47
6	0 19	0 26	0 38	0 52
7	0 21	0 29	0 42	0 57
8	0 23	0 32	0 46	0 62

Alaise, chams, etc.

Jusqu'à la largeur de	De 20 à 22 lignes d'épaisseur.			
	à 1 parement dressé.		à 4 paremens.	
	Sapin.	Chêne.	Sapin.	Chêne.
2°	0f 12	0f 18	0f 24	0f 36
3	0 14	0 21	0 28	0 42
4	0 16	0 24	0 33	0 48
5	0 19	0 27	0 38	0 54
6	0 22	0 30	0 44	0 60
7	0 25	0 33	0 49	0 66
8	0 28	0 37	0 54	0 72
	De 23 à 25 lignes d'épaisseur.			
2°	0f 14	0f 20	0f 28	0f 40
3	0 16	0 23	0 33	0 46
4	0 19	0 26	0 38	0 52
5	0 22	0 30	0 44	0 60
6	0 25	0 34	0 50	0 68
7	0 28	0 38	0 55	0 76
8	0 31	0 42	0 62	0 84

Alaises, poteaux corroyés, etc.

Jusqu'à la largeur de	mis d'équerre. Sapin.	mis d'équerre. Chêne.	à 4 paremens. Sapin.	à 4 paremens. Chêne.
	De 26 à 30 lignes d'épaisseur.			
3°	0f 18	0f 25	0f 36	0f 50
4	0 22	0 30	0 44	0 60
5	0 26	0 35	0 52	0 70
6	0 30	0 40	0 60	0 80
7	0 34	0 45	0 68	0 90
8	0 38	0 50	0 76	1 0
9	0 42	0 55	0 84	1 10
	De 31 à 36 lignes d'épaisseur.			
3°	0f 20	0f 28	0f 40	0f 56
4	0 25	0 34	0 50	0 68
5	0 30	0 40	0 60	0 80
6	0 35	0 46	0 70	0 92
7	0 40	0 52	0 80	1 04
8	0 45	0 58	0 90	1 16
9	0 50	0 64	1 0	1 28

Alaises, poteaux corroyés, etc.

Jusqu'à la largeur de	De 37 à 42 lignes d'épaisseur.			
	mis d'équerre.		à 4 paremens.	
	Sapin.	Chêne.	Sapin.	Chêne.
4°	0f 28	0f 38	0f 56	0f 76
5	0 34	0 45	0 68	0 90
6	0 40	0 53	0 80	1 06
7	0 46	0 60	0 92	1 20
8	0 52	0 68	1 04	1 36
9	0 58	0 76	1 16	1 52
10	0 64	0 84	1 28	1 68
	De 43 à 48 lignes d'épaisseur.			
4°	0f 32	0f 42	0f 64	0f 84
5	0 38	0 51	0 77	1 02
6	0 45	0 60	0 90	1 20
7	0 52	0 69	1 05	1 38
8	0 60	0 78	1 20	1 56
9	0 68	0 88	1 35	1 74
10	0 76	0 98	1 50	1 92

Observations.

Les tringles, plinthes et bandeaux de la 1re colonne sont supposés blanchis sur une face et dressés sur la rive.

La 2e colonne renferme les mêmes tringles, mais à 4 paremens.

Pour celles qui auraient quatre paremens et une rainure ou feuillure, comme aux coulisses, coulisseaux, alaises, etc., on pourra ajouter au prix la plus value de cette feuillure ou rainure, comme le tableau suivant.

Les coulisses, ou tout autre objet non assemblé, seront toujours classés dans l'une de ces deux colonnes, suivant qu'ils auront deux ou quatre paremens.

Prix d'une feuillure ou moulure, mesurée à l'équerre.

		15 lign.	30 lign.	45 lign.	60 lign.
en	Sapin.	0f05	0f10	0f15	0f20.
	Chêne.	0 06	0 12	0 18	0 24

Bâtis de porte et autres, corroyés, sur 4 faces et assemblés.

Jusqu'à la largeur de	De 5 à 10 lignes d'épaisseur.		De 11 à 13 lignes d'épaisseur.	
	Sapin.	Chêne.	Sapin.	Chêne.
1°	0f 22	0f 27	0f 24	0f 30
2	0 26	0 32	0 28	0 36
3	0 30	0 37	0 33	0 42
4	0 34	0 42	0 38	0 48
5	0 38	0 48	0 44	0 53
6	0 43	0 54	0 50	0 62
7	0 47	0 59	0 55	0 68
8	0 51	0 64	0 60	0 74

Jusqu'à la largeur de	De 14 à 16 lignes d'épaisseur.		De 17 à 19 lignes d'épaisseur.	
2°	0f 31	0f 41	0f 34	0f 45
3	0 37	0 48	0 42	0 53
4	0 44	0 55	0 50	0 62
5	0 51	0 63	0 58	0 71
6	0 58	0 71	0 66	0 80
7	0 64	0 79	0 74	0 89
8	0 70	0 87	0 82	0 98

Bâtis et huisseries à 4 paremens assemblés.

Jusqu'à la largeur de	De 20 à 22 lignes d'épaisseur.		De 23 à 25 lignes d'épaisseur.	
	Sapin.	Chêne.	Sapin.	Chêne.
2°	0f 37	0f 50	0f 40	0f 54
3	0 46	0 60	0 50	0 65
4	0 55	0 70	0 60	0 76
5	0 66	0 80	0 71	0 88
6	0 74	0 90	0 82	1 00
7	0 83	1 0	0 92	1 11
8	0 92	1 10	1 02	1 22
9	1 01	1 20	1 12	1 33

Jusqu'à la largeur de	De 26 à 30 lignes d'épaisseur.		De 31 à 36 lignes d'épaisseur.	
3	0f 54	0f 70	0f 58	0f 75
4	0 66	0 82	0 71	0 90
5	0 78	0 95	0 84	1 05
6	0 90	1 10	0 98	1 20
7	1 02	1 23	1 12	1 35
8	1 14	1 36	1 26	1 50
9	1 26	1 49	1 40	1 65
10	1 38	1 52	1 54	1 80

Bâtis et huisseries à 4 paremens assemblés.

Jusqu'à la largeur de	De 37 à 42 lignes d'épaisseur.		De 43 à 48 lignes d'épaisseur.	
	Sapin.	Chêne.	Sapin.	Chêne.
4°	0f 77	1f 00	0f 90	1f 12
5	0 94	1 20	1 10	1 36
6	1 12	1 40	1 30	1 60
7	1 30	1 60	1 50	1 85
8	1 48	1 80	1 70	2 10
9	1 66	2 00	1 90	2 35
10	1 84	2 20	2 10	2 60

Observations.

Ces bâtis sont supposés corroyés sur les quatre faces, et assemblés à tenons et mortaises d'un assemblage par toise.

Toute *feuillure*, *moulure*, *rainure*, etc., qui sera sur les bâtis (si *elle ne tient pas lieu d'une face corroyée*), sera payée à part.

Assemblages.

Les assemblages qui seront en plus ou en moins qu'*un par toise*, pourront être comptés à part, comme les tableaux suivans.

Prix des assemblages à tenons et à mortaises, lorsqu'ils seront payés séparément.

Jusqu'à la largeur de	Ceux faits dans du sapin jusqu'à l'épaisseur de			
	18 lignes	**28** lignes	**38** lignes	**48** lignes
2°	0f 12	0f 14	0f 17	0f 20
3	0 15	0 17	0 20	0 23
4	0 18	0 20	0 23	0 27
5	0 22	0 24	0 28	0 32
6	0 26	0 29	0 33	0 38
7	0 30	0 34	0 38	0 44
8	0 35	0 40	0 45	0 50
9	0 40	0 46	0 52	0 58
	Ceux faits dans du chêne.			
	18 lignes	**28** lignes	**38** lignes	**48** lignes
2°	0f 14	0f 17	0f 20	0f 24
3	0 17	0 20	0 24	0 28
4	0 20	0 24	0 29	0 33
5	0 23	0 28	0 34	0 40
6	0 27	0 32	0 40	0 47
7	0 30	0 36	0 46	0 54
8	0 33	0 41	0 51	0 61
9	0 36	0 46	0 57	0 70

Les autres assemblages seront payés comparativement à ces prix, savoir :

Les angles d'onglet et les assemblages à languette et rainure, le $\frac{1}{3}$ de ces prix;

Ceux à mi-bois et à enfourchement, la $\frac{1}{2}$;

Ceux à clefs chevillés ou à queues, le même prix;

Ceux d'onglet à tenons et mortaises, $\frac{1}{4}$ en plus;

Ceux à tenons avec flottage, $\frac{1}{2}$ en plus;

Ceux à double tenon, à trait de Jupiter ou à queues d'onglet, $\frac{2}{3}$ en plus.

Parties cintrées.

Les parties cintrées sur un sens auront une plus value qui sera en raison de la flèche comparée à la corde; on ajoutera quand la flèche sera de la corde :	
	la $\frac{1}{2}$, 2 fois $\frac{1}{2}$
	le $\frac{1}{3}$, 2
	le $\frac{1}{4}$, 1 $\frac{1}{2}$
	le $\frac{1}{6}$, 1.

Les alaises, tringles et bâtis cintrés à double courbure, comme les arrêtiers des voûtes d'arète et en arc de cloître ou des lunettes, seront payés le double des simples courbes.

Crémaillères.

Crémaillère pour armoire, chêne ou hêtre, les dents espacées de 10 à 12 lignes, la toise :	en 12l.	0f35
	15	0f45.

Prix de façon d'une toise courante de cimaises, bordures, corniches, etc.

Jusqu'à la largeur de	De 5 à 10 lignes d'épaisseur.			
	Profil ordinaire.		Moulure riche.	
	Sapin.	Chêne.	Sapin.	Chêne.
1°	0f 15	0f 20	0f 20	0f 25
2	0 20	0 25	0 25	0 72
3	0 25	0 31	0 30	0 40
4	0 30	0 37	0 36	0 48
5	0 35	0 44	0 42	0 56
6	0 40	0 51	0 48	0 64
7	0 45	0 58	0 54	0 72
8	0 50	0 65	0 60	0 80
	De 11 à 13 lignes d'épaisseur.			
1°	0f 18	0f 23	0f 24	0f 30
2	0 24	0 32	0 30	0 40
3	0 31	0 41	0 38	0 50
4	0 38	0 50	0 48	0 60
5	0 45	0 59	0 56	0 70
6	0 52	0 68	0 64	0 80
7	0 59	0 77	0 72	0 90
8	0 66	0 86	0 80	1 0

Cimaises, bordures, corniches.

Jusqu'à la largeur de	Profil ordinaire. Sapin.	Profil ordinaire. Chêne.	Moulure riche. Sapin.	Moulure riche. Chêne.
	De 14 à 16 lignes d'épaisseur.			
2°	0f 27	0f 36	0f 33	0f 45
3	0 35	0 47	0 43	0 59
4	0 43	0 58	0 54	0 72
5	0 51	0 69	0 64	0 86
6	0 60	0 80	0 75	1 0
7	0 68	0 91	0 85	1 13
8	0 76	1 02	0 95	1 26
9	0 84	1 13	1 05	1 39
	De 17 à 19 lignes d'épaisseur.			
2°	0f 30	0f 41	0f 37	0f 52
3	0 40	0 54	0 49	0 69
4	0 50	0 67	0 62	0 86
5	0 60	0 81	0 75	1 03
6	0 70	0 95	0 87	1 20
7	0 80	1 08	1 0	1 36
8	0 90	1 21	1 12	1 52
9	1 0	1 34	1 24	1 68

Cimaises, bordures, corniches.

Jusqu'à la largeur de	De 20 à 22 lignes d'épaisseur.			
	Profil ordinaire.		Moulure riche.	
	Sapin.	Chêne.	Sapin.	Chêne.
2°	0f 34	0f 46	0f 44	0f 59
3	0 45	0 62	0 58	0 78
4	0 56	0 78	0 72	0 79
5	0 68	0 94	0 86	1 20
6	0 80	1 10	1 0	1 40
7	0 91	1 25	1 14	1 59
8	1 02	1 40	1 28	1 78
9	1 13	1 55	1 42	1 97
	De 23 à 26 lignes d'épaisseur.			
2°	0f 38	0f 51	0f 48	0f 64
3	0 51	0 69	0 64	0 87
4	0 64	0 87	0 80	1 10
5	0 77	1 06	0 96	1 33
6	0 90	1 24	1 12	1 58
7	1 03	1 42	1 28	1 80
8	1 16	1 60	1 44	2 02
9	1 29	1 78	1 60	2 24
10	1 42	1 96	1 76	2 46

Cimaises, bordures, corniches.

Jusqu'à la largeur de	De 27 à 30 lignes d'épaisseur.			
	Profil ordinaire.		Moulure riche.	
	Sapin.	Chêne.	Sapin.	Chêne.
3°	0f57	1f76	0f73	0f98
4	0 72	0 97	0 90	1 23
5	0 86	1 18	1 07	1 50
6	1 0	1 40	1 24	1 75
7	1 15	1 61	1 42	2 0
8	1 30	1 82	1 60	2 25
9	1 45	2 03	1 78	2 50
	De 31 à 36 lignes d'épaisseur.			
3°	0f64	0f85	0f82	1f08
4	0 80	1 08	1 0	1 36
5	0 96	1 31	1 18	1 64
6	1 12	1 55	1 37	1 94
7	1 28	1 78	1 57	2 22
8	1 45	2 01	1 77	2 50
9	1 62	2 24	1 97	2 78

Cimaises, bordures, corniches.

Jusqu'à la largeur de	De 37 à 42 lignes d'épaisseur.			
	Profil ordinaire.		Moulure riche.	
	Sapin.	Chêne.	Sapin.	Chêne.
4°	0f 88	1f 18	1f 10	1f 50
5	1 04	1 44	1 30	1 80
6	1 20	1 70	1 50	2 10
7	1 37	1 96	1 71	2 40
8	1 55	2 22	1 92	2 70
9	1 74	2 48	2 14	3 05
10	1 93	2 74	2 35	3 30
	De 43 à 48 lignes d'épaisseur.			
4°	0f 96	1f 30	1f 20	1f 62
5	1 13	1 58	1 43	1 96
6	1 31	1 86	1 66	2 30
7	1 50	2 13	1 89	2 64
8	1 71	2 42	2 12	3 0
9	1 92	2 71	2 36	3 34
10	2 13	3 10	2 60	3 68

Cadres et chambranles élégis, corniches volantes.

Jusqu'à la largeur de	De 5 à 10 lignes d'épaisseur.		De 11 à 13 lignes d'épaisseur.	
	Sapin.	Chêne.	Sapin.	Chêne.
2°	0f 32	0f 40	0f 37	0f 47
3	0 40	0 50	0 48	0 59
4	0 47	0 60	0 59	0 71
5	0 54	0 70	0 69	0 83
6	0 61	0 80	0 79	0 95
7	0 68	0 90	0 89	1 07
8	0 75	1 0	1 0	1 19

Jusqu'à la largeur de	De 14 à 16 lignes d'épaisseur.		De 17 à 19 lignes d'épaisseur.	
2°	0f 41	0f 53	0f 45	0f 58
3	0 54	0 68	0 60	0 78
4	0 67	0 83	0 75	0 98
5	0 80	0 99	0 90	1 18
6	0 94	1 15	1 06	1 39
7	1 07	1 31	1 21	1 59
8	1 20	1 47	1 36	1 80

Cadres et chambranles élégis, et corniches volantes.

Jusqu'à la largeur de	De **20** à **22** lignes d'épaisseur.		De **23** à **26** lignes d'épaisseur.	
	Sapin.	Chêne.	Sapin.	Chêne.
2°	0f 49	0f 66	0f 54	0f 70
3	0 67	0 90	0 73	0 97
4	0 84	1 14	0 92	1 24
5	1 01	1 38	1 12	1 51
6	1 18	1 63	1 32	1 78
7	1 35	1 86	1 51	2 05
8	1 52	2 09	1 70	2 32
9	1 70	2 32	1 89	2 60

Jusqu'à la largeur de	De **27** à **30** lignes d'épaisseur.		De **31** à **36** lignes d'épaisseur.	
3°	0f 81	1f 06	0f 87	1f 15
4	1 02	1 36	1 10	1 47
5	1 23	1 66	1 34	1 80
6	1 44	1 96	1 58	2 13
7	1 65	2 26	1 81	2 46
8	1 86	2 56	2 04	2 79
9	2 07	2 80	2 27	3 12

Cadres, chambranles et corniches volantes.

Jusqu'à la longueur de	De 37 à 42 lignes d'épaisseur.		De 43 à 48 lignes d'épaisseur.	
	Sapin.	Chêne.	Sapin.	Chêne.
4°	1f 20	1f 57	1f 30	1f 67
5	1 45	1 90	1 57	2 03
6	1 70	2 23	1 84	2 40
7	1 95	2 59	2 11	2 79
8	2 20	2 95	2 38	3 18
9	2 45	3 31	3 65	3 57
10	2 70	3 67	3 92	3 96

Observations sur les cadres et chambranles.

Les cimaises, bordures et corniches sont supposées corroyées sur toutes faces, et élégies en plein bois, ou avec moulure rapportée.

Les cadres et les chambranles sont de même élégis en plein bois d'une ou de plusieurs parties, assemblés d'onglet d'un assemblage par toise; chaque socle comptera comme moitié d'assemblage.

Assemblage.

Chaque assemblage en plus ou en moins pourra être ajouté ou diminué, à moins que des clefs dans les réunions, ou des assemblages dans les entures, ne les compensent.

Ces assemblages vaudront $\frac{1}{4}$ en plus que ceux faits dans des bâtis ordinaires.

Chambranles à la capucine.

Les chambranles à la capucine seront considérés comme bâtis auxquels on ajoutera la valeur de ses moulures s'il y en a, et la différence de l'assemblage carré à celui d'onglet qu'il aura.

Moulure riche.

On entend par moulure riche, les cadres, chambranles et corniches volantes qui seront élégis de profils antiques et multipliés, qui auraient exigé des outils faits exprès pour les pousser, ou quand ces moulures seront faites avec ce qu'on appelle des outils détachés. Dans ce cas, ces parties seront payées $\frac{1}{4}$ en plus que les simples profils.

Parties cintrées.

Elles auront une plus value qui sera en raison de la flèche comparée à la corde. On ajoutera quand la flèche sera de la corde :	la $\frac{1}{2}$, 2 fois $\frac{1}{2}$ le $\frac{1}{3}$, 2 le $\frac{1}{4}$, 1 $\frac{1}{2}$ le $\frac{1}{6}$, 1

Les parties cintrées à double courbure seront payées le double des simples courbes.

Prix de la façon d'une toise superficielle de bois uni.

Par planche de 8 à 11 pouces de large, dressée sur les deux rives.				
Épaisseur de	En sapin.		En chêne.	
	1 par.	2 par.	1 par.	2 par.
6 à 10 lig.	1f30	2f10	2f 0	3f30
11 à 13	1 50	2 50	2 30	3 80
14 à 16	1 80	3 0	2 70	4 40
17 à 19	2 10	3 50	3 0	5 10
20 à 22	2 40	4 0	3 40	5 70
23 à 25	2 70	4 50	3 80	6 40
26 à 30	3 0	5 0	4 0	7 0
Joints à rainures et languettes.				
6 à 10 lig.	1f70	2f50	3f 0	4f30
11 à 13	2 0	3 0	3 10	4 60
14 à 16	2 40	3 60	3 60	5 40
17 à 19	2 80	4 20	4 0	6 10
20 à 22	3 20	4 80	4 50	6 80
23 à 25	3 60	5 40	5 0	7 60
26 à 30	4 0	6 0	5 40	8 40

Prix de la façon d'une toise superficielle de bois uni.

Bois rainés et collés dans les joints.				
Épaisseur de	En sapin.		En chêne.	
	1 par.	2 par.	1 par.	2 par.
6 à 10 lig.	1f 90	2f 80	3f 10	4f 70
11 à 13	2 20	3 30	3 40	5 30
14 à 16	2 60	3 90	3 90	5 90
17 à 19	3 0	4 60	4 40	6 70
20 à 22	3 50	5 20	4 90	7 40
23 à 26	3 90	5 90	5 50	8 30
27 à 30	4 40	6 60	5 90	9 20
Idem, et emboîtés en chêne des deux bouts et sans clef.				
11 à 13 lig.	4f 60	5f 60	5f 90	7f 40
14 à 16	5 30	6 40	6 90	8 60
17 à 19	6 0	7 30	7 80	9 80
20 à 22	6 80	8 30	8 70	11 0
23 à 26	7 50	9 30	9 70	12 30
27 à 30	8 30	10 30	10 40	13 50

Par toise superficielle, il sera ajouté.				
Épaisseur de	Pour les parties assemblées à tenons		Pour les clefs dans les joints.	
	Sapin.	Chêne.	Sapin.	Chêne.
11 à 13 lig.	1f 20	1f 60	0f 70	0f 80
14 à 16	1 40	1 90	0 75	0 85
17 à 19	1 60	2 30	0 80	0 90
20 à 22	1 80	2 60	0 85	1 0
23 à 25	2 0	2 90	0 90	1 10
26 à 30	2 20	3 40	1 0	1 30

Prix des parties sans clef, mais rainées, collées et assemblées à queue d'aronde, pour réservoirs et autres.

Épaisseur de	Sapin.		Chêne.	
	1 par.	2 par.	1 par.	2 par.
6 à 10 lig.	4f 20	5f 0	5f 60	7f 0
11 à 13	5 0	6 0	6 60	8 10
14 à 16	5 85	7 05	7 60	9 40
17 à 19	6 70	8 10	8 60	10 70
20 à 22	7 55	9 15	9 60	11 90
23 à 25	8 40	10 20	10 65	13 25
26 à 30	9 30	11 20	11 70	14 60

Indépendamment des prix portés dans les tableaux précédens, chaque feuillure, languette, moulure, etc., qui sera poussée sur la rive des parties unies, si elle ne tient pas lieu d'un dressage, sera payée à part.

Façon d'une toise superficielle de bois uni.

Rainés par frise, moitié de planche.				
Épaisseur de	Sapin.		Chêne.	
	1 par.	2 par.	1 par.	2 par.
11 à 13 lig.	2f 70	3f 70	4f 0	5f 50
14 à 16	3 30	4 50	4 90	6 70
17 à 19	3 80	5 20	5 80	7 90
20 à 22	4 30	5 90	6 60	8 90
23 à 25	4 80	6 60	7 40	10 0
26 à 30	5 40	7 30	8 20	11 10

Observations générales.

Dans tous les ouvrages corroyés, ne seront point comptés à part les chevilles, pièces, tampons et mastic mis dans les trous, entailles, nœuds, gerçures, etc., qui existent dans les bois neufs.

Toute partie unie est supposée mise de largeur; celles d'assemblages, écarries au pourtour.

Les clefs, lorsqu'elles seront nécessaires dans les joints, seront de trois pieds en trois pieds.

Petites parties.

Les parties emboîtées et celles assemblées à tenons ou à queues auront une plus value lorsqu'elles seront par petites parties.

Il sera ajouté au prix ou au toisé, quand leur superficie sera moins de	9p,	$\frac{1}{6}$,
	4p6o,	$\frac{1}{3}$,
	2p3o,	$\frac{1}{2}$.

Emboîtures et barres.

Il est dû par toise superficielle aux portes pleines, deux toises courantes d'emboîtures ou de barres à queues, ou bien le double de simples barres clouées ou d'emboîtures à l'anglaise.

Angles d'onglet.

Pour chaque angle d'onglet, il sera ajouté pour plus value $0^f,20$ cent. pour les bois de 1 pouce, et $0^f,05$ cent. par chaque trois lignes d'épaisseur en plus.

Parties cintrées.

Les parties cintrées en plan auront une plus value qui sera proportionnée par la hauteur de la flèche comparée à la corde.

On ajoutera au prix ou au toisé quand la flèche sera de la corde	la $\frac{1}{2}$, 1 fois
	le $\frac{1}{3}$, $\frac{3}{4}$
	le $\frac{1}{4}$, $\frac{1}{2}$
	le $\frac{1}{6}$, $\frac{1}{3}$.

Les parties emboîtées qui seront cintrées par-dessus seront mesurées au plus haut du cintre, et l'on ajoutera une plus value pour le chantournet; celles emboîtées rempantes seront mesurées, réduites à $\frac{1}{3}$ du côté le plus haut.

Prix de façon des parties d'assemblage, supposées brutes, derrière panneaux à glace.

Épaisseur des bâtis.	Tout sapin.	Bâtis chêne, panneaux sapin.	Tout chêne.
11 à 13 lig.	6f 75	7f 80	9f 0
14 à 16	7 31	8 47	9 75
17 à 19	7 87	9 14	10 50
20 à 22	8 44	9 82	11 25
23 à 25	9 0	10 50	12 0

Parties à simples moulures, de 6 à 10 lignes, et parties arrasées en parement.

Épaisseur des bâtis.	Tout sapin.	Bâtis chêne, panneaux sapin.	Tout chêne.
11 à 13 lig.	7f 50	8f 70	10f 0
14 à 16	8 15	9 47	10 87
17 à 19	8 80	10 24	11 74
20 à 22	9 45	11 02	12 62
23 à 26	10 10	11 80	13 50

A petit cadre de 12 à 18 lignes de profil.

Épaisseur des bâtis.	Tout sapin.	Bâtis chêne, panneaux sapin.	Tout chêne
11 à 13 lig.	7f 90	9f 20	10f 50
14 à 16	8 70	10 12	11 55
17 à 19	9 50	11 04	12 60
20 à 22	10 30	11 97	13 65
23 à 26	11 10	12 90	14 70

Faces d'armoire d'assemblage, avec bâtis dormans, les portes blanchies, ou avec simples moulures au deuxième parement.

Épaisseur des			Tout sapin.	Bâtis chêne, pann. sapin.	Tout chêne.
Dorm.	Portes.	Pann.			
12 l.	12 l.	6 l.	9f 20	11f 20	12f 20
15	12	6	9 70	11 80	12 80
18	15	7	11 0	13 50	14 70

Portes assemblées à grand cadre embrévé ou rapporté, supposées brutes derrière.

Épaisseur des bâtis.	Tout sapin.	Bâtis chêne, cadres et panneaux sapin.	Tout chêne.
Jusqu'à 20 lignes de profil.			
11 à 13 lig.	10f 40	11f 30	13f 10
14 à 16	11 55	12 55	14 57
17 à 19	12 70	13 80	16 04
20 à 22	13 85	15 04	17 52
23 à 26	15 0	16 30	19 00
Jusqu'à 30 lignes de profil.			
11 à 13 lig.	11f 40	12f 40	14f 40
14 à 16	12 60	13 72	15 97
17 à 19	13 80	15 04	17 54
20 à 22	15 0	16 37	19 13
23 à 26	16 20	17 70	20 70

Parties assemblées, à grand cadre embrévé ou rapporté, supposées brutes derrière.

Jusqu'à 40 lignes de profil.			
Épaisseur des bâtis.	Tout sapin.	Bâtis chêne, cadres et panneaux sapin.	Tout chêne.
11 à 13 lig.	12f 40	13f 50	15f 70
14 à 16	13 65	14 90	17 37
17 à 19	14 90	16 30	19 04
20 à 22	16 15	17 70	20 72
23 à 26	17 40	19 10	22 40

Observations pour les deuxièmes paremens.

Les prix portés dans les six tableaux précédens sont pour des parties supposées brutes derrière; pour les deuxièmes paremens, s'il y a lieu, il sera ajouté au tarif ou bien au toisé, compris les feuillures pour la mise en bois,

Savoir :

Aux parties blanchies derrière.. . . le $\frac{1}{6}$,
Aux parties blanchies et arrasées. . le $\frac{1}{4}$,
Aux parties à double parement. . . le $\frac{1}{3}$.

Petits panneaux.

Les parties d'assemblage, à petit cadre et à grand cadre, qui auront plus de huit panneaux à la toise superficielle, seront considérées comme petits panneaux et seront payées $\frac{1}{8}$ en plus que ces prix.

Flottages.

Pour chaque traverse, battant et cadre flotté, il sera ajouté 4° à la hauteur ou à la largeur, suivant le cas où sera le flottage.

Parties cintrées en élévation.

Toutes parties d'assemblage cintrées en élévation seront comptées au double de la surface réelle des bâtis et panneaux cintrés seulement.

Celles qui auront moins de 6° de flèche seront comptées comme ayant 6°.

Parties cintrées en plan.

Les parties d'assemblage, à petit ou à grand cadre qui seront cintrées en plan auront une plus value.

Cette plus value sera en raison de la hauteur de la flèche comparée à la corde.

On ajoutera au prix ou au toisé quand la flèche sera de la corde :	
	la $\frac{1}{2}$, 1 fois $\frac{1}{4}$
	le $\frac{1}{3}$, 1
	le $\frac{1}{4}$, $\frac{3}{4}$
	le $\frac{1}{6}$, $\frac{1}{2}$.

Portes charretières, ayant battans corroyés, assemblés avec traverses haut et bas, traverses et écharpes au milieu, les panneaux cloués ou embrévés.

Épaisseur des panneaux de	Grosseur des bâtis jusqu'à		Tout sapin.	Bâtis chêne, panneaux sapin.	Tout chêne.
12 à 15 lig.	2°	6°	12f 50	14f 50	16f 50
		9°	14 0	16 30	18 30
16 à 19	3°	6°	14 60	16 80	19 0
		9°	16 70	19 20	21 60
20 à 26	4°	8°	17 60	20 50	22 60
		12°	20 0	23 0	26 0

Portes cochères, avec guichet ou non, arrasées, blanchies au double parement, tout chêne.

Épaisseur des			D'assemblage sans moulures.	A petit cadre de 2° à 2° ½.	A grand cadre, jusqu'à	
1er bâti.	2e bâti.	Panneaux.			2° ½.	3° ½.
3°	2°	12 lig.	24f 0	26f 70	35f 0	36f 40
		15	24 80	27 30	36 0	37 40
3° ½	2° ½	15	28 0	31 20	40 0	41 70
		18	28 80	32 0	41 0	42 70
4°	3°	21	33 0	37 80	47 0	49 0
		24	34 0	38 80	48 0	50 0

Les portes cochères à petit ou à grand cadre qui seront à double parement, seront augmentées d'un septième.

Châssis à verre, sans dormans.

Épaisseur de	Sans moulures.			Avec moulures.		
	Sapin.	Bâtis sapin, petit bois de chêne.	Chêne	Sapin.	Bâtis sapin, petit bois de chêne.	Chêne.
12 à 14 l.	6f 0	6f 80	7f 70	7f 0	8f 10	9f 20
15 à 16	6 50	7 40	8 40	7 70	8 90	10 10
17 à 19	7 0	8 0	9 10	8 40	9 70	11 0
20 à 22	7 50	8 60	9 80	9 20	10 60	12 0
23 à 26	8 0	9 30	10 60	10 0	11 50	13 0

Les mêmes, mais avec dormans de même épaisseur.

Épaisseur de	Sans moulures.			Avec moulures.		
	Sapin.	Bâtis sapin, petit bois de chêne.	Chêne.	Sapin.	Bâtis sapin, petit bois de chêne.	Chêne.
12 à 14 l.	7f 0	7f 80	9f 0	8f 0	9f 10	10f 40
15 à 16	7 50	8 46	9 70	8 80	9 90	11 0
17 à 19	8 0	9 15	10 50	9 70	10 60	11 60
20 à 22	8 50	9 82	11 30	10 60	11 90	13 30
23 à 26	9 0	10 50	12 10	11 50	13 30	15 0

Observations.

Les châssis à verre assemblés à compartimens irréguliers, de figure polygonale, ou à la grecque, seront payés un sixième en plus.

Cloisons vitrées.

Les parties hautes des cloisons vitrées seront payées comme les châssis auxquels elles ressembleront; et les appuis pourront être comptés comme lambris, suivant leur nature.

Cependant, pour abréger les toisés, on pourra assimiler les cloisons aux châssis, en ajoutant pour l'appui une plus value qui sera en raison de sa hauteur et de son travail. *On ajoutera de la hauteur d'appui,*

pour ceux blanchis seulement. . . . $\frac{1}{6}$;

ceux blanchis et arrasés, ou petits cadres. . . . . $\frac{1}{3}$;

pour grand cadre au deuxième parement. . . . . $\frac{2}{3}$;

pour grand cadre aux deux paremens, *sa hauteur.*

Parties cintrées en élévation.

Les parties cintrées en élévation seront comptées au double de la surface réelle du cintre;

Celles qui auront moins de 6 pouces de flèche seront comptées comme ayant 6 pouces.

Parties cintrées en plan.

Les parties cintrées en plan auront une plus value.

Cette plus value sera en raison de la hauteur de la flèche, comparée à la corde. On ajoutera au prix ou au toisé quand la flèche sera	la $\frac{1}{2}$, 1 fois $\frac{1}{4}$; le $\frac{1}{3}$, 1; le $\frac{1}{4}$, $\frac{3}{4}$; le $\frac{1}{6}$, $\frac{1}{2}$.

Deuxième parement.

Les châssis et cloisons vitrées qui auront des moulures des deux côtés, seront payés en plus. . . . . $\frac{1}{6}$.

Petits carreaux.

Sont supposés à petits carreaux, tous châssis et portes vitrées qui auront plus de 16 carreaux par toise superficielle, compris les bâtis et petit bois : ils seront payés un sixième en plus.

Archivoltes.

Les archivoltes cintrées sur l'élévation, ayant des petits montans rayonnans, seront comptées au double de leur superficie réelle.

Croisées à gueule de loup, dormans moitié plus épais que les châssis, avec jet d'eau et pièce d'appui.

Épaisseur des châssis.	Au pied de hauteur. 3 p. à 3 p. 6° de largeur.		Au pied de hauteur. 3 p. 7° à 4 p. de largeur.		La toise superficielle.	
	Grand carr.	Petit carr.	Grand carr.	Petit carr.	Grand carr.	Petit carr.
15 à 16 l.	1f 10	1f 30	1f 20	1f 40	11f 40	13f 30
17 à 19	1 25	1 50	1 40	1 60	13 60	15 80
20 à 22	1 42	1 70	1 60	1 80	14 80	18 30
23 à 25	1 60	1 90	1 80	2 10	18 0	21 0

Observations.

Pour les appuis de portes-croisées, les doubles moulures, les cintres et la différence des grands et des petits carreaux, même observation que celle des châssis.

Traverses d'imposte.

Pour les traverses d'imposte des croisées, on accordera une plus value qui ne dépassera jamais celle que vaudrait un bâti ou un chambranle de même forme que ces traverses.

Coupe dans un petit bois.

Il sera accordé pour une ouverture à feuillure dans un petit bois, 3° à la hauteur, soit au pied de hauteur, soit à la toise superficielle.

Croisées en sapin.

Les croisées faites tout en bois de sapin seront payées $\frac{1}{5}$ de moins que celles en chêne.

Persiennes sans dormans, moulure ou non aux lames.

Épaisseur des battans.	Au pied de hauteur. 3 p. à 3 p. 6º de largeur. Sapin.	Chêne.	3 p. 7º à 4. p. de largeur. Sapin.	Chêne.	La toise superficielle. Sapin.	Chêne.
15 à 16 l.	1f 10	1f 30	1f 20	1f 40	11f 40	13f 30
17 à 19	1 35	1 60	1 45	1 70	14 13	16 46
20 à 22	1 55	1 85	1 71	2 0	16 86	19 63
23 à 25	1 80	2 20	2 0	2 41	19 80	22 80
Les mêmes avec dormans, même épaisseur.						
15 à 16 l.	1f 20	1f 45	1f 30	1f 55	12f 50	14f 90
19 à 19	1 46	1 76	1 60	1 90	15 36	18 20
20 à 22	1 73	2 08	1 90	2 25	18 20	21 50
23 à 25	2 0	2 40	2 20	2 60	21 10	24 80

Pour les panneaux d'appui, on accordera une plus value qui ne sera que la moitié de celle allouée aux parties vitrées.

Les persiennes brisées en quatre feuilles seront payées moitié en plus.

Les parties cintrées en élévation et en plan, même observation que celle des châssis à verre.

Marchepied pliant ou non, les limons évasés, chantournés haut et bas; les marches de 20° d'enmarchement, assemblées par les bouts à tenons avec flottage, le devant élégi de moulure; châssis derrière, avec tige mobile ou traverse dormante.

Limon de 5° sur	Marche de 6° sur	Nombre de marches.	En sapin.	En chêne
6 à 8 lig.	6 à 8 lig.	3	2f 50	3f 0
		4	3 10	3 70
9 à 12	9 à 12	5	3 70	4 40
		6	4 30	5 10
		7	5 0	5 80
13 à 16	9 à 12	8	5 60	6 50
		9	6 20	7 20
		10	6 80	8 0

Échelle simple de 12 à 15° de large.

Épaisseur des bois.	Largeur des bois.	Prix pour 6 p. courans supposés de 7 échelons.	
		Sapin.	Chêne.
12 à 13 lig.	18 à 21 lig.	1f 90	2f 4
14 à 16	20 à 24	2 20	2 70
17 à 20	22 à 30	2 60	3 30
21 à 25	24 à 36	3 0	3 70

Échelle à marches plates, dite de meunier, *sauf contre-marches, une partie des marches assemblées à tenons, brutes dessous, de 20 à 24° d'en-marchement.*

Les limons de 5° à 7° de largeur sur	Les marches de 6° à 7° de largeur sur	Pour 6 p. courans supposés contenir 8 march. Sapin.	Chêne.
14 à 16 lig.	12 à 13 lig.	4^{f} 0	5^{f} 0
	14 à 16	4 30	5 40
17 à 19	14 à 16	4 40	5 50
20 à 24	17 à 19	4 60	5 70
	20 à 24	4 80	6 0
Il sera ajouté pour 6° de plus long aux march., jusqu'à l'épais. de	13	0 30	0 40
	16	0 40	0 50
	19	0 50	0 62
	24	0 60	0 75

En général, lorsqu'il y aura moitié chêne et moitié sapin, on réunira les deux prix, du sapin et du chêne, pour en prendre la moitié.

Escalier droit à deux limons ou un limon et une crémaillère, les marches ayant moulures et rainures, contre-marches embrévées et assemblées dans les limons; les marches de 20 à 24° de longueur, brutes dessous.

Les limons de 8° à 9° de large, l'épaisseur de	Largeur des marches, 8° à 9°, l'épaisseur de	Prix de la marche.	
		Sapin.	Chêne.
12 à 13 lig.	12 à 13 lig.	1f 20	1f 50
14 à 16	14 à 16	1 30	1 60
17 à 20	12 à 13	1 35	1 70
	14 à 16	1 43	1 80
21 à 25	14 à 16	1 50	1 90
	17 à 20	1 60	2 0
	21 à 24	1 70	2 20
Il sera ajouté pour 6° de plus de longueur aux marches, savoir :	12 à 13	0 10	0 12
	14 à 16	0 12	0 14
	17 à 20	0 14	0 16
	21 à 24	0 16	0 18

Lorsqu'il y aura moitié en chêne et moitié en sapin, on pourra réunir les deux prix ensemble pour en prendre la moitié.

Escalier à un et deux noyaux, moitié des marches dansantes (1), *les marches ayant moulures et rainures, contre-marches embrévées et assemblées dans les limons ; les marches de 20 à 24° de long, brutes en dessous. (Les excédans des noyaux seront payés à part, s'il y a lieu.)*

Épaisseur des		Prix de la marche.	
Limons.	Marches.	Sapin.	Chêne.
12 à 13 lig.	12 à 13 lig.	1^{f} 50	1^{f} 90
14 à 16	14 à 16	1 65	2 0
17 à 20	12 à 13	1 70	2 10
	14 à 16	1 80	2 20
21 à 25	14 à 16	1 90	2 40
	17 à 20	2 0	2 50
	21 à 24	2 10	2 75
Il sera ajouté pour 6° de plus long.	15 à 18	0 15	0 20
	20 à 24	0 20	0 26

Lorsqu'il y aura moitié chêne et moitié sapin, on pourra réunir les deux prix ensemble pour en prendre la moitié.

---

(1) *Voir* la planche 31 de l'*Art du Trait du Menuisier*, chez Carilian-Gœury.

Escalier en vis Saint-Gilles carré, ou à noyau, toutes marches dansantes (1).

Épaisseur des		Prix de la marche.	
Limons.	Marches.	Sapin.	Chêne.
14 à 16 lig.	14 à 16 lig.	2f 0	2f 50
17 à 20	14 à 16	2 10	2 80
21 à 25	17 à 20	2 40	3 0
21 à 25	21 à 24	2 60	3 40
Il sera ajouté pour 6° de plus long.	15 à 18	0 20	0 25
	20 à 24	0 25	0 35

Lorsqu'il y aura moitié chêne et moitié sapin, on pourra réunir les deux prix ensemble pour en prendre la moitié.

(1) *Voir* la planche 33 de l'*Art du Trait*.

Escaliers faits avec deux courbes parallèles circulaires ou elliptiques (1), assemblés du reste comme les précédens ; les marches de 20 à 24° de long, brutes dessous.

Épaisseur des		Prix de la marche.	
Limons.	Marches.	Sapin.	Chêne.
24 à 30 lig.	14 à 16 lig.	3f 0	3f 70
	17 à 20	3 40	4 30
	21 à 24	3 90	5 0
Il sera ajouté pour 6° de plus à l'emmarchement.	15 à 18	0 20	0 25
	20 à 24	0 25	0 35

Lorsqu'à tous ces escaliers il n'y aura qu'un seul limon (2) dans lequel les marches et contre-marches seront assemblées, et que l'autre bout sera scellé dans les murs, il sera diminué le cinquième de ces prix.

Les escaliers dans des cages carrées dont

(1) Comme la figure 5 de la planche 32 de *l'Art du Trait.*

(2) Comme les figures 11 et 12 des planches 33 et 34 du même ouvrage.

les limons extérieurs seraient droits, et ceux du jour seraient cintrés, vaudront la moitié des prix réunis de ces deux derniers tableaux.

Escaliers à la moderne, dits à l'anglaise, *les limons droits, les marches profilées d'un bout, les contre-marches assemblées d'onglet avec la crémaillère, l'autre bout scellé dans les murs, et brutes dessous, de 20 à 24° d'enmarchement.*

Épaisseur des		Prix de la marche.	
Limons.	Marches.	Sapin.	Chêne.
15 à 18 lig.	15 à 16 lig.	1^{f} 0	1^{f}20
19 à 20	15 à 16	1 20	1 40
	17 à 20	1 25	1 50
24 à 30	21 à 24	1 30	1 60

Les mêmes escaliers, mais à deux crémaillères; les marches profilées par les deux bouts.

Épaisseur des		Prix de la marche.	
Limons.	Marches.	Sapin.	Chêne.
15 à 18 lig.	15 à 16 lig.	1f 30	1f 55
19 à 22	15 à 16	1 50	1 80
	17 à 20	1 60	1 95
24 à 30	21 à 24	1 70	2 10
Pour 6o de plus d'enmarchement, il sera ajouté	15 à 16	0 12	0 14
	17 à 20	0 14	0 16
	21 à 24	0 16	0 18

Les mêmes escaliers, mais cintrés en plan ; les marches profilées d'un bout, l'autre bout scellé dans le mur.

Épaisseur des		Prix de la marche.	
Crémaillères.	Marches.	Sapin.	Chêne.
20 à 24 lig.	15 à 16 lig.	3f 70	4f 50
	17 à 20	3 90	4 70
	21 à 24	4 10	5 0
Les mêmes, à deux courbes, marches profilées par les deux bouts.			
20 à 24 lig.	15 à 16 lig.	4f 90	6f 0
	17 à 20	5 20	6 30
	21 à 24	5 50	6 70
Pour 6° de plus d'enmarchement, il sera ajouté	15 à 16	0 20	0 25
	17 à 20	0 25	0 32
	21 à 24	0 30	0 40

Les escaliers semblables, mais avec des marches massives (1) faites avec leur portée, comme pour la coupe de pierre, blan-

(1) *Voir* la planche 35 de *l'Art du Trait.*

chies dessous, avec la pose des boulons, seront payés un tiers en plus que l'un ou l'autre de ces trois derniers tableaux.

Châssis en tabatière, fermant à noix ou à gorge, en bois de chêne de 3 à 3° ½ de largeur, sans petit bois.

Épaisseur réduite.	Dimensions.	Valeur de la pièce.
14 à 16 lig.	1p 6° sur 2p 0	2f 60
	2 0 3 0	3 20
Idem, avec un petit bois de 15 lignes.		
15 à 18 lig.	2p 0° sur 3p 0	3f 50
	2 6 4 0	4 0
19 à 22	2 0 3 0	3 75
	2 6 4 0	4 60
23 à 25	2 0 3 0	4 0
	2 6 4 0	5 20

Les châssis en tabatière, mesurés à la toise courante, seront payés comme chambranles de même grosseur qu'eux. Les assemblages en plus qu'un par toise seront comptés à part.

Tiroir assemblé à queue aux angles, le fond embrévé, autant de queues sur la hauteur que de fois 1°; les pourtours et fonds, de 5 à 6 lignes, tête 1° d'épaisseur.

Mesure à l'équerre jusqu'à	Hauteur de 4°.		Hauteur de 6°.	
	Sapin.	Chêne.	Sapin.	Chêne.
12°	0f 80	0f 90	1f 0	1f 20
24	1 0	1 20	1 20	1 50
36	1 30	1 60	1 60	2 0
48	1 70	2 10	2 0	2 50
Les pourtours de 8 à 12 lig., tête de 15 à 17 lig.				
24°	1f 10	1f 35	1f 30	1f 70
36	1 40	1 80	1 75	2 20
48	1 80	2 30	2 20	2 80
60	2 30	2 90	2 70	3 40

Pour 6° de plus ou de moins développé, et pour 1° de plus ou moins haut, il sera ajouté ou diminué suivant la proportion de ce tableau.

Prix d'une caisse à oranger.

	Grosseur du corps.	Prix.
Les pieds corroyés sur quatre faces, avec deux feuillures arrêtées au ciseau pour recevoir les panneaux ; les traverses de même grosseur assemblées à tenons ; les panneaux mobiles, carrés, ayant d'épaisseur les $\frac{5}{12}$ de la grosseur des pieds, avec pose des barres en fer. Les fonds posés dans deux feuillures, le tout monté, chevillé, avec tringle provisoire pour tenir l'écartement du haut.	18°	5f 60
	20	6 30
	22	7 10
	24	8 0
	26	9 0
	28	10 10
	30	11 30
	32	12 60
	34	14 0
	36	15 50
	38	17 10
	40	18 80
	42	20 60
	44	22 50
	46	24 50
	48	26 60

Siége d'aisance en chêne uni de 2ᵖ 6° à 3ᵖ de longueur, sur 18 à 20°, barré de deux barres à queue, percé d'une lunette avec tampon.

	Prix de sapin.
De { 15 à 18 lignes d'épaisseur. . .	2ᶠ 0
De { 21 à 24.	2 80
Une poignée chantournée.	0 35
Siége à la moderne, de 2ᵖ 6° à 3ᵖ, sur 18 à 20°; les bâtis 2° d'épaisseur, panneaux 1°, lunette d'assemblage, abattant emboîté à gorge, avec moulure sur le devant, sans soubassement.	4 50
Le même, mais avec deux trapillons en plus; emboîté d'onglet aux angles, de 3ᵖ 6° à 4ᵖ de large. . . .	7 50
A chacun de ces derniers siéges, s'il y a des doubles bâtis dormans, il sera ajouté.	1 50
Les mêmes siéges faits en bois de sapin seront diminués d'un cinquième.	

Pupitre sur table, mesuré à l'équerre, les pourtours assemblés à queue, les dessus cloués, sans fond.

	Sapin.	Chêne.
De { 3p sur 3o de haut. . . .	2 0	2f 50
De { 5p sur 4o de haut. . . .	2 40	3 0
Les mêmes, avec fond cloué, les dessus emboîtés d'onglet.		
De { 3p sur 3o.	3 20	4 0
De { 5p sur 4o.	4 0	5 0
Jalousies à cordons.		
De 3p 6o à 4p, les lames corroyées et percées de leurs entailles, avec moulinet; la tête à part; le pied de hauteur ou de largeur de lame.	0 40	0 48
La tête seule, compris pose des poulies et briquets.	1 0	1 20
Une lame seule.	0 10	0 12
Les pavillons seront payés à part pour ce qu'ils seront.		

Porte-manteaux en chêne.

	Valeur de 6 pieds courans
Tête, 12 à 15 lignes sur 3° corroyés, chanfrein supposé de 8°, pommes tournées.	0f 80
de 8 chevilles à mantonnet { de 12 à 15 l. sur 6 à 7°.	1 20
{ de 18 à 24 l. sur 8 à 9°.	1 60
A pomme chantournée, assemblée sur tige de 5 à 6°, la toise courante.	3 20
Un porte-manteau à tige, ayant sa traverse chantournée à mantonnet. .	0 40
Un support d'assemblage ordinaire en deux parties, traverse chantournée.	0 30
Idem, avec écharpe.	0 40
Un gousset chantourné de 12° et 9°.	0 15
Bat-habit; la tige de 6p de longueur, sur 20 à 24 lig. de grosseur, assemblée dans une traverse chantournée, de 18 à 20° de longueur; le patin 2 ½ à 3° de grosseur, élégi, arrondi, de 20 ou 24° de longueur, et assemblé en croix.	2 0

Tréteau en bois.

	Sapin.	Chêne.
Un tréteau en bois de 12 lig. d'épaisseur; la tête 3°, les pieds 18 à 21 lig., et trois traverses d'écartement, assemblés.		
De 3^{p} de longueur, et 2^{p} 2° de hauteur.	1^{f}80	2^{f} 0
De 5^{p} de longueur et 2^{p} 6° de hauteur.	2 10	2 40

Prix de pose d'une toise courante de tasseaux, tringle de tenture, battement, plinthe, coulisse, barre, lambourde, fourrure, chevron, etc., toute partie coupée et clouée, ou posée de niveau ou à-plomb.

Épaisseur de	Jusqu'à la largeur de	Sapin.	Chêne.
6 à 12 lig.	2°	0f 10	0f 11
	4	0 12	0 13
	6	0 14	0 16
	8	0 16	0 20
13 à 19	2	0 12	0 15
	4	0 14	0 18
	6	0 17	0 21
	8	0 20	0 24
20 à 27	2	0 14	0 18
	4	0 17	0 21
	6	0 20	0 24
	8	0 24	0 29
25 à 36	2	0 17	0 21
	4	0 20	0 24
	6	0 24	0 29
	8	0 28	0 33
37 à 48	4	0 25	0 30
	6	0 29	0 35
	8	0 33	0 40
	10	0 40	0 50

Les mêmes articles, mais posés avec entaille faite sur place ou ajustés avec traînée de compas; les ébrasemens tirés de largeur et rainés sur une rive; les plinthes et bandeaux coupés d'onglet; les entretoises et barres avec assemblage à queue; des bordures, cimaises, encadremens, corniches, coupés d'onglet et cloués; des bâtis de tenture posés avec calle derrière; des bâtis de porte, des chambranles de toute nature, posés à-plomb, callés, cloués ou brochés s'il est nécessaire.

Épaisseur de	Jusqu'à la largeur de	Sapin.	Chêne.
6 à 12 lig.	2°	0f 12	0f 14
	4	0 14	0 17
	6	0 17	0 21
	8	0 20	0 25
13 à 19	2	0 14	0 17
	4	0 18	0 21
	6	0 21	0 26
	8	0 25	0 31
20 à 27	2	0 18	0 21
	4	0 22	0 26
	6	0 26	0 31
	8	0 30	0 37
28 à 36	3	0 21	0 25
	4	0 25	0 30
	6	0 30	0 36
	8	0 35	0 43
37 à 48	4	0 30	0 35
	6	0 35	0 42
	8	0 40	0 50
	10	0 50	0 60

Observations.

Les bâtis et les huisseries retaillés sur assemblage d'un tenon et d'une mortaise par toise, et posés, seront payés le double de ces prix.

Les moulures pour figurer des cadres, clouées sur des portes ou sur des murs, qui seront par petites parties de quatre à cinq angles d'onglet par toise, seront payées le double des autres moulures.

Les corniches volantes posées à l'échelle sous des plafonds seront également payées le double, compris deux coupes d'onglet par toise.

OUVRAGE EN SUPERFICIE.

Dépose de vieille menuiserie, compris transport d'un étage, chêne ou sapin.

Épaisseur de	12 à 16 lig.	0f 50
	17 à 21	0 60
	22 à 27	0 80
	28 à 36	1 0

	Épaisseur.	Prix de la toise superfic.	
		Sapin.	Chêne.
Façon de cloison à claire-voie, autant de plein que de vide, de	12 à 15 lig.	0f 70	0f 80

Prix d'une toise superficielle de portes, chassis, volets, persiennes, croisées, etc., transportés d'un étage, ajustés avec jeu, ou mis en place.

Épaisseur.	Sapin.	Chêne.
12 à 16 lignes.	1f 0	1f 20
17 à 21	1 20	1 40
22 à 27	1 40	1 70
28 à 36	1 60	2 0

Cloisons, tablettes, planchers, revêtemens, lambris, etc., toute partie ajustée de niveau ou à-plomb, et arrêtée à demeure, compris calles.

Épaisseur.	Sapin.	Chêne.
12 à 16 lignes.	1f 60	1f 90
17 à 21	2 0	2 40
22 à 27	2 50	3 0
28 à 36	3 0	3 60

Les mêmes parties, mais, de plus, écarries d'un sens ou coupées de longueur, rainées s'il est nécessaire, et posées en place.

Épaisseur.	Sapin.	Chêne.
12 à 16 lignes.	2f 0	2f 40
17 à 21	2 60	3 20
22 à 27	3 30	4 0
28 à 36	4 0	4 80

Les mêmes parties, mais écarries sur tous les sens, rainées, feuillées, ajustées et arrêtées à demeure; d'autres déchevillées, rechevillées, écarries et posées.

Épaisseur.	Sapin.	Chêne.
12 à 16 lignes.	2f 50	3f 0
17 à 21	3 30	4 0
22 à 27	4 15	5 0
28 à 36	5 0	6 0

	Épaisseur.	Sapin.	Chêne.
Planchers en frise, à l'anglaise, compris la pose des lambourdes et affleuremens.	12 à 13 lig.	3f 60	4f 0
	14 à 16	4 30	4 70
	17 à 20	5 0	5 40
	21 à 25	5 70	6 20
Point de Hongrie, 6 et 7 p., coupé en deux ou à bâton rompu, *idem*.	12 à 13	6 0	7 0
	14 à 16	7 0	8 10
	17 à 20	8 0	9 30
	21 à 25	9 0	10 50
Les mêmes, mais 6 et 7 p. en trois et en quatre.	12 à 13	7 0	8 0
	14 à 16	8 10	9 30
	17 à 20	9 30	10 60
	21 à 25	10 50	12 0

Les points de Hongrie retournés, formant lozanges partout, se paient le double.

Une lozange seule, dans du bois de 1°, se paiera 1 fr. 80 cent. de plus value; on ajoutera 0 fr. 30 cent. par chaque 3 lignes de plus épais, soit en chêne, soit en sapin.

	Épaisseur.	Chêne.
Les parquets en feuille, écarris, rainés au pourtour, posés, compris les lamb. et affleur.	15 à 16 lig. 17 à 20 21 à 25	4f 50 5 70 7 0

	Sapin.	Chêne.
Parquet sans fin, ayant par toise 68 panneaux de 1°, et autant de bâtis de 15 lig. d'ép., la façon, compris rainage au pourtour de toutes les parties.	10f 0	12f 90
La pose, compris lambourde.	8 0	9 10
Replanissage seul du parquet, en feuilles, frise, ou point de Hongrie, après les peintures terminées.	2 0	2 50
Les mêmes, mais sur de vieux planchers, compris mastiquage.	2 40	3 0

Portes pleines, déboîtées, retaillées, remboîtées; châssis à verre, portes, volets, et autres parties faites d'assemblage, sans moulures, déchevillées, retaillées sur les assemblages, rechevillées, ajustées en place, à un ou deux paremens.

Épaisseur.	Retaillé d'un sens.		Retaillé en 2 sens.	
	Sapin.	Chêne.	Sapin.	Chêne.
12 à 16 lig.	4f 0	4f 80	5f 0	6f 0
17 à 21	5 20	6 40	6 60	8 0
22 à 27	6 60	8 0	8 20	10 0

Volets, portes, lambris à petit cadre, châssis à verre, cloisons vitrées, etc., déchevillés, retaillés et posés, à un ou deux paremens.

Épaisseur.	Retaillé d'un sens.		Retaillé en 2 sens.	
	Sapin.	Chêne.	Sapin.	Chêne.
12 à 16 li.	4f 50	5f 40	5f 60	6f 70
17 à 21	5 80	7 0	7 20	8 80
22 à 27	7 30	8 80	9 10	11 0

Portes, lambris, etc.; mais assemblés à grand cadre, jusqu'à 2° de profil, retaillés sur les assemblages, supposé à un parement.

Épaisseur.	Retaillé d'un sens.		Retaillé en 2 sens.	
	Sapin.	Chêne.	Sapin.	Chêne.
12 à 16 lig.	5f 10	6f 30	6f 30	7f 80
17 à 21	7 10	8 10	8 20	10 0
22 à 27	8 20	9 90	10 20	12 30
Les mêmes parties à grand cadre, mais à double parement.				
12 à 16 lig.	5f 60	6f 90	6f 90	8f 50
17 à 21	7 80	8 90	9 0	11 0
22 à 27	9 0	10 80	11 20	13 50

Pour chaque pouce de profil en plus, il sera ajouté $\frac{1}{12}$ à ces prix.

Observation sur les Mémoires.

Après avoir établi les prix façon et de pose de la menuiserie, j'ai vu que je ne remplirais pas entièrement le but que je m'étais proposé si je ne donnais encore la marche à suivre pour classer les divers ouvrages susceptibles d'être réunis en un même article, pour y appliquer un prix unique ; c'est pourquoi j'ai pensé qu'un modèle de mémoire de marchandeur ne serait pas déplacé à la suite de ces tableaux.

Les entrepreneurs font faire par leur toiseur le relevé sur place, étage par étage, pièce par pièce, des ouvrages qu'ils ont faits dans une maison ; la minute est ensuite calculée, mise à prix, et voilà le mémoire établi.

Il n'en est pas ainsi d'un marchandeur : les mesures qu'il a reçues, celles qu'il a relevées sur les plans, sont sa minute ; ne connaissant pas l'art de classer les articles, de détailler son travail, il confond dans les mesures les parties unies avec celles d'assemblage, celles qu'il devrait compter à la toise courante avec celles en superficie ; et quand il veut terminer son mémoire, il ne sait souvent pas mieux poser les prix de ces nombreux articles si mal classés. D'autres ne visent qu'au total; ils croient avoir fait leur note comme il faut quand les sommes reçues en à compte sont au-dessous du montant de leur mémoire.

Quelques-uns ont recours à un toiseur chez lequel ils portent leur mesure; mais celui-ci ne pouvant deviner l'organisation d'un travail souvent mal figuré, sans proportion, sans coupe, qui puissent représenter les profils et les embrèvemens, est obligé d'estimer approximativement un ouvrage qu'il ne peut toiser. Dans ce cas, de deux choses l'une, ou les prix sont trop faibles, ou les demandes sont trop fortes.

Des mémoires faits de cette manière sont très difficiles à bien régler, et l'entrepreneur, qui doit en faire le travail lui-même, est obligé de refondre une partie des articles; heureux, s'il a conservé les plans ou les détails propres à vérifier les mesures demandées, et nécessaires pour lui faciliter ce pénible travail.

Faute de ces détails, il résulte des difficultés qu'il n'est pas toujours facile de lever.

Le marchandeur prétend que le montant de son mémoire est le prix de son salaire : l'entrepreneur lui paiera-t-il cette somme, n'ayant pas la certitude qu'il la lui doit? Non, sans doute; mais, s'il ne peut mettre à prix bien régulièrement les articles du mémoire si mal fait, il fera à son tour l'offre d'une somme. Si cette somme ne convient pas au marchandeur, c'est un expert nommé par le juge de paix qui procédera du fond de son cabinet à l'appréciation de chaque article du mémoire. Aura-t-il plus de connaissance des travaux qu'il règle que n'en avaient l'entrepreneur et l'ouvrier? Beaucoup ont eu la preuve du contraire; cependant il réglera, et l'entrepreneur ou le marchandeur, et quelquefois tous deux, paieront les frais.

Les mémoires de marchandage, comme ceux de fourniture, peuvent se faire de deux manières : l'une est de mettre le prix au bout de chaque article; l'autre est de mettre ensemble à la fin dans un résumé tous les articles susceptibles d'y être réunis pour y mettre un prix unique.

La première ne s'emploie que quand les articles d'un mémoire sont tous différens, ou que peu se trouvent susceptibles d'être réunis : c'est ordinairement celle que connaissent le mieux les ouvriers.

La deuxième est plus expéditive, et quand un mémoire renferme plusieurs ouvrages de même nature, on doit toujours l'employer.

Le modèle que je donne ici joint sera pour cette dernière méthode, qui donnera aussi connaissance de la première.

Les premiers articles de la récapitulation comprendront les ouvrages à la toise courante, commençant par les feuillures, moulures, désignées au timbre sous la dénomination générale de *feuillures*.

Viendront ensuite les *tringles*, *chams*, *ébrasemens*, *plinthes*, *poteaux*, tous objets corroyés sur une face et dressés, qu'on désignera au timbre par *tringles 2 paremens*; ensuite ces mêmes objets qui auront 4 paremens ou 3 paremens avec feuillures ou rainures pour compensation, porteront au timbre, *tringles 4 paremens*, observant de mettre les épaisseurs les plus minces les premières.

Les mêmes parties corroyées sur trois

faces, élégies de feuillures ou moulures, ou sur les quatre faces sans feuillures, assemblées à tenons et mortaises, feront un article séparé, et seront timbrées *bâtis 4 paremens*.

Les *cadres, cimaises, corniches* à simple profil, feront aussi un autre article, et seront timbrés *moulures*.

On confondra dans les moulures riches toutes parties de cimaises, cadres, corniches, etc., qui seront élégies de moulures compliquées pour raccorder avec d'anciennes parties, ou celles dont les profils ne sont pas ordinaires et qui auront nécessité de nouveaux outils, seront désignées au timbre par *moulures riches*.

Les chambranles à la capucine seront comptés comme bâtis ordinaires, au prix desquels on ajoutera la différence de l'assemblage carré à celui d'onglet; on dira *chambranle-capucine*.

Les *chambranles* élégis en plein bois, avec moulures rapportées ou embrévées, seront confondus dans un même prix. Ces chambranles sont supposés mis d'épaisseur ou bien brutes derrière, mais avec rainures et feuillures; ils seront portés à l'extrait sous leur nom de *chambranles*.

Les *corniches volantes*, quoique du même prix que les *chambranles*, seront portées à l'extrait sous la dénomination de *corniches volantes*.

Celles qui auront des profils compliqués, le seront par *corniches volantes riches*.

Pour abréger tous les articles, on pourra les réduire à une largeur commune, en multipliant les largeurs par les longueurs et divisant le produit par le nombre de toises de longueur.

Tous les articles à la toise courante auront trois colonnes de chiffres aux timbres : la première représentera les toises, la deuxième exprimera les pieds, et la troisième renfermera les pouces.

Après avoir terminé les ouvrages portés à la toise courante, on classera ceux comptés en superficie, qui seront exprimés par quatre colonnes : les toises, demi-toises, pieds et pouces. On commencera par les parties unies, le sapin le premier, le chêne ensuite; puis les parties faites d'assemblage, à petit cadre, à grand cadre, d'abord le sapin, puis le chêne et le sapin réunis, puis ceux tout en chêne. On terminera le mémoire par les articles comptés au pied de hauteur, qui seront représentés par deux colonnes.

Quand un des articles du mémoire aura été posé, il conviendra de demander sa pose de suite en argent ; mais si plusieurs de même nature l'ont été , on pourra en faire un ou plusieurs articles à la récapitulation ; dans ce cas, en plus du timbre sera mis le mot *posé*, et les prix seront portés compris cette pose.

Tous ces ouvrages seront désignés dans les timbres par les expressions les plus simples, celles capables seules de les faire reconnaître, afin d'éviter la confusion et de rendre plus facile le relevé de l'extrait du mémoire.

Le dernier article comprendra le montant de tous ceux appréciés en argent dans le cours du mémoire.

MÉMOIRE

Des ouvrages de menuiserie faits à façon pour le compte de M.   , dans ses ateliers, rue   ; lesdits travaux exécutés dans le courant de l'année 18   ,

Par

Compagnon marchandeur.

SAVOIR :

Mois	Ouvrages	Nature	Montant
Janvier.	Façon de trois huisseries sapin 3° de gros, corroyées sur trois faces, nervées, assemblées, de $9^{p}\,6^{o}$ et $2^{p}\,8^{o}$; produit.	Huisserie, sapin. 3° 3°	10 5 0
	30^{p} courans d'entretoise sapin 1° et 3° corroyés sur trois faces, et 65^{p} de coulisses même grosseur. . .	Tringles, sapin. 1° 3°	15 5 0
	Quatre autres huisseries *idem*, mais 5° de large avec feuillures et quart de rond, de 10^{p} et $2^{p}\,8^{o}$.	Huisserie, sapin. 3° 5°	15 0 8
	Les feuillures et quarts de rond pour les ouvertures de portes produisent.	Feuillures.	20 0 0
	40^{p} d'entretoise et 80^{p} de coulisses *idem* aux précédentes	Tringles, sapin. 1° 3°	20 0 0
	Deux poteaux de remplissage, sapin 3° de gros et 10^{p}.	Poteaux, sapin, 4 paremens. 3° 3°	3 2 0

Quatre portes sapin 15^L, deux paremens emboîtés, avec clef dans les joints, de $6^P 4^o$ et $2^P 4^o$. . . . . — Sapin, 15 lign., 2 par., clef emboît. — $1\frac{1}{2}$ 5 1

Sur les deux faces de ces portes, les cadres sapin 5^L et 18^L figurant trois panneaux, quarante-huit montans de $1^P 9^o$, et quarante-huit traverses de $1^P 8^o$; produit posé. . . . . — Cadre posé, sapin. 5° 18 lign. — 27 2 0

Février. 40 frises chêne 1°, corroyées, rainées de 4° et 6^P; produit. 80 0

64 *idem* de 3° 6 et 9^P . . . 168 0

10 *idem* de 3° 8 et 7^P. . . . 21 5°

Ensemble 269 5° — Frise, chêne. 1°. 1 par. rainé. — 7 0 17 5

Six croisées à gueule de loup, châssis 15^L, dormans 2°, chaque de 6^P 6° et 3^P 4°. . . . . — Croisée ordinaire. 3^p 4° — 39 0

Dix autres *idem* de 7^P et 3^P 11°, produisent . . . . 70^P 0

Trois portes-croisées *idem* de 9^P et 3^P 11°, appui, grand cadre aux deux paremens de 2^P de haut; produit réduit en croisées, compris 2^P pour l'appui à grand cadre 33 0

(Croisée ordinaire. 3^p 11° — 103 0)

Les volets pour les dix croisées et pour les trois portes chêne 1° à petit cadre, un parement blanchi derrière, brisé en deux parties, chaque feuille avec une alaise de brisure, deux panneaux sur la hauteur; chaque paire à $6^P\ 8^o$ et $3^P\ o$, développée sans y comprendre l'alaise; produit, le $\frac{1}{6}$ compris pour le blanchissage, ... $23^P\ 4^o$ Lambris, chêne, 10 petits cadres, petits panneaux.

Les treize paires produisent. . . . . 8 o 15 4

Vingt-six alaises formant brisures, chêne 1° sur 4°, quatre paremens de $6^P\ 8^o$, produisent $14^T\ 2^P\ 8^o$ courans à o^f32 la toise. . . . . 4^f60

Les feuillures des brisures des alaises et les quarts de rond au pourtour produisent. . . . . Feuillures. 104 2 8

Fait un siége à demi-anglaise de 3^P et $1^P\ 9^o$ en bois de 2°, abattant emboîté; vaut. . . . . 4^f60

Le soubassement chêne 1°, petit cadre, un parement de $1^P\ 4^o$ et 3^P, vaut. . . . . 1^f50

Mars. Façon d'une porte en chêne 15^L, grand cadre, 2° de profil, embrévée, trois panneaux sur la hauteur chêne 6^L, à plate-bande, deux venteaux de 8^P, et ensemble $4^P\ 2^o\ 9^L$ avec recouvrement; produisent, compris le $\frac{1}{3}$ pour le deuxième parement. . . . . . Lambris, chêne, 15 lign.; grand cadre. 1 0 8 11

Le chambranle chêne 2° 6^{L} d'épaisseur sur 5° de profil, élégi en plein bois avec socle de 8^{P} 5° et 5^{P}, produit . . . . Chambranle ch. 2° 6 lign. 5° 3 3 10

Deux contre-chambranles, *idem* 18^{L} et 5° même mesure . . . . *Id.* 18 lig. 5° 7 1 8

Un ébrasement chêne 6^{L} sur 5°, un parement rainé de 20^{P} 4° de pourtour, 20^{P} 4°.

Un autre ébrasement, *idem* de 8° et 20^{P} 4° de pourtour. . . . . Tringle, chêne. 1 par., 6 l. 6° 1/2. 6 4 8

Façon d'un réservoir en chêne 1° d'épaisseur, blanchi partout, les pourtours assemblés à queues, fond embrévé, de 2^{P} de haut sur 2^{P} de face, et 1^{P} 6° de profondeur; produit de superficie 0,0,17,0 à 12 *f* 15 cent. la toise, comme petite partie. . . . . 5 *f* 04

Idem un porte-manteau de 3^{P}, garni de quatre rosettes chantournées, monté sur tige. 1 60

Avril Une porte chêne 1°, deux paremens emboîtés de 6^{P} et 2^{P} 4°; produit 14 0
Une de 7^{P} 1° et 2^{P} 7°. . . 18 3
Une de 6^{P} 7° et 2^{P} 5°. . . 16 0
} Chêne, 1°, 2 par. emboîtés. 1 0 12 3

Une porte sapin 15^L, deux paremens, clef emboîtée de 7^P et 2^P 6°.	Sapin, 15 lign., 2 par., clef emboit. 0 0 17 6
65^P courans de cimaise sapin 6^L et 2°, élégis de moulures, produisent	Moulure sapin. 6 lign. 2°. 10 5 0
86 toises courantes de plinthes sapin 6^L et 4°, deux paremens dressés sur une rive	Tringles sapin, 3 par., 6 lign. 4°. 86 0 0
75^P courans de plinthes sapin 6^L et 5°, un parement dressé	*Id.* 2 par, 6 lign. 5°. 12 3 0
Une porte cintrée en plan d'un rayon de 7^P en chêne 15^L, à cadre embrévé de 2° de profil, à un parement arrasé, blanchi au double, à deux venteaux de 9^P de haut, et ensemble 4^P 6°, développé; produit, compris $\frac{2}{3}$ pour le cintre et le $\frac{1}{4}$ pour l'arrasement.	Lambris chêne, 15 lign., gr. cadre. 2°. 2 0 12 4
Le bâti en chêne 2° d'épaisseur, deux battans de 6° de large et 9^P 8°, cintré en plan sur les deux faces, élégi d'une feuillure; produit 3^T 1^P 4° à 1^f 20 cent. la toise, à cause du cintre.	3^f 87
La traverse cintrée en plan, comme la porte, de 5^P de long et 6° de large; produit 1^T 4^P 0°, comptée double pour le cintre à 1^f 0 la toise	1^f 67

Mai. Façon d'un dessus de table chêne 1°, deux paremens emboîtés de 6P et 2P 4° . . . . Chêne, 1°, 2 par. emboîtés. 0 0 14 0

Plus valeur de quatre angles assemblés d'onglet. 0f80

Pour porter ce dessus, un pied en X composé de quatre montans chêne 15L et 2° ½ sur 2P 2°, quatre traverses *idem* de 5P 6°, le tout corroyé, assemblé, produit. . . . . Bâtis chêne, 15 lig. 4 par., 2° 6 lign. 5 0 8

Une porte chêne 1°, petit cadre, un parement blanchi derrière, trois panneaux en hauteur de 6P 6° et 2P 2°, produisent, compris le ⅙ pour le deuxième parement . . . . Lambris chêne 1°, petit cadre. 0 0 14 1

Le bâti, trois paremens feuillés de 15L et 2P 6°, réduits de 6P 9° et 2P 7°; produisent . . . . Bâtis chêne, 4 par. 15 lign. 2° 6 lign. 2 4 1

Livré cent sept frises chêne 15L, un parement rainé de 4° et 6P; produisent . . . . Frise chêne, 15 l. 1 par. rainé. 5½ 16 0

Un plancher sapin 1° par planches entières, un parement rainé de 9P 4° et 11P . . . . Sapin 1°, 1 par. rainé. 2½ 12 8

Dix tablettes sapin 1°, deux paremens dressés de 12°, et chaque 5P 10° . . . . Sapin 1°, 2 par dressés. 1½ 4 4

Une cloison sapin 1°, deux paremens rainés de 11P et 8P 9°	Idem, 2 par. rainés.	2½ 6 3
Deux châssis à verres, chêne 2° d'épaisseur, assemblés à pointe de diamant, élégis de moulures et de feuillures, de chaque 7P de haut et 4P, produisent.	Châssis à verret, chêne, 2° d'épais.	1½ 2 0
Au-dessus deux archivoltes cintrées, demi-cercle même bois, de chaque trois montans rayonnaus, assemblés dans la courbe et dans un trompillon de 4P de diamètre et 2P de haut, à 6f l'une, vu le peu de produit.		12f 0
Plus valeur de deux jets d'eau par le bas des châssis de 4° d'épaisseur et 4° ½ de haut.		1 50

Les différentes parties d'ouvrages demandés dans ce mémoire sont suffisantes pour indiquer la marche à suivre dans un beaucoup plus considérable.

Nous allons passer à la récapitulation de ces articles.

Sur une feuille séparée, on réunira par colonnes tous les articles qui sont de même nature et même grosseur de bois (1); on en fera l'addition, et l'on aura le nombre de toises à porter à la récapitulation, et auxquelles on mettra les prix susceptibles d'y être appliqués.

---

(1) *Voir* le tableau suivant.

TABLEAU DES ARTICLES EXTRAITS DU MÉMOIRE.

SAPIN COURANT.								
Feuillures.	Tringles, 2 paremens, 6 lig.	Tringles, 4 paremens, 6 lig.	Tringles, 4 paremens, 1°.	Poteaux corr. 4 paremens, 3°.	Huisserie, 4 paremens, 3°.	Moulures, 6 lig.	Cadre posé, 5 lig.	Argent.
20 0 0 104 2 8 124 2 8	12 3 0 | 5°	86 0 0 | 4°	15 5 0 | 3° 20 0 0 | 3 35 5 0	3 2 0 | 3°	10 5 3 | 3° 15 0 8 | 5	10 5 0 | 2°	27 2 0 | 18 l	
CHÊNE COURANT.				SAPIN SUPERFICIEL.				
Tringles, 2 paremens, 6 lig.	Bâtis. 4 paremens, 15 lig.	Chambranles élégis, 18 lig.	Chambranles élégis, 2° 6 lig.	1°, 2 paremens dressés.	1°, 1 parement rainé.	1°, 2 paremens rainés.	15 lig. 2 par. emboîtés avec clef.	
6 4 8 | 6° $\frac{1}{2}$	5 0 8 | 2° $\frac{1}{2}$ 2 4 1 | 2 $\frac{1}{2}$ 7 4 9	7 1 8 | 5°	3 3 10 | 5°	1 $\frac{1}{2}$ 4 4	1 $\frac{1}{2}$ 12 8	2 $\frac{1}{2}$ 16 3	1 $\frac{1}{2}$ 5 1 1 0 17 6 2 0 4 7	
CHÊNE SUPERFICIEL.						AU PIED DE HAUTEUR.		
1° d'épaisseur, 2 paremens emboîtés.	Frise 1°, 1 parement rainé.	Frise 15 lig., 1 parement rainé.	Lambris 1°, petit cadre, petite partie.	Lambris 15 lig. grand cadre 2°.	Châssis à verre, 2°.	Croisées ordinaires, 3 p. 4°.	Croisées ordinaires, 3 p. 11°.	
1 0 12 3 0 0 14 0 1 $\frac{1}{2}$ 8 3	7 0 17 5	5 $\frac{1}{2}$ 16 0	8 0 15 4 0 0 14 1 8 $\frac{1}{2}$ 11 5	1 0 8 11 2 0 12 4 3 $\frac{1}{2}$ 3 3	1 $\frac{1}{2}$ 2 0	39^p 0	103^p 0	

RÉCAPITULATION

Des articles contenus au présent Mémoire.

SAVOIR :

Quantité.				Prix.	Totaux.
124	2p	8°	De feuillures, baguettes, congés, à.	0f 06	
			Sapin courant.		
12	3	0	De plinthes, 1 parement dressé, 6 lig. et 5°, à. .	0 12	
86	0	0	*Id.*, 2 par. dressés, 6 lig. et 4°, à.	0 20	
35	5	0	De barres d'entretoises et de coulisses corroyées sur trois faces, ou avec rainures, de 1° et 3°, à.	0 20	
3	2	0	De poteaux de remplissage, 3° de grosseur, 2 paremens rainés, nervés sur les deux autres faces, à.	0 40	
10	5	3	De poteaux d'huisserie à 4 paremens assemblés, de 3° de gross., à	0 58	
15	0	8	De semblables huisseries, mais 5° de large, à.	0 84	

Quantité.				Prix.	Totaux.
10	5	0	De bordures élégies, de 6 lig. d'épaiss. 2°, à	0f20	
27	2	0	*Id.*, 5 et 18 lig., mais coupées par petites parties, et clouées d'onglet, pour figurer des cadres, à.	0f46	
			Chêne courant.		
6	4	8	D'ébrasement de porte, 6 lig. d'épaisseur et 6° ½, red., 1 parement dressé et rainé, à.	0 58	
7	4	9	De bâtis de porte, 4 paremens assemblés, de 15 lig. d'épaisseur, et 2° ½ réduit, à.	0 68	
7	1	8	De chambranles élégis en plein bois, avec socle de 18 lig. sur 5° de profil, à.	1 18	
3	3	10	De 2° 6 lig. d'épaisseur, et 5°, à.	1 68	
			Sapin superficiel.		
1 ½	4	4	De sapin, 1° d'épaisseur, 2 paremens dressés, à.	2 50	
2 ½	12	8	*Id.*, 1 parement rainé.	2 0	
2 ½	16	3	*Id.*, 2 paremens rainés.	3 0	

Quantité.		Prix.	Totaux.
2 0 4 7	De porte pleine sapin, 15 lig. d'épaisseur, 2 paremens rainés et collés avec clef dans les joints, à.	7f 15	
	Chêne superficiel.		
1 ½ 8 3	De chêne 1°, 2 paremens emboîtés, à. . .	7 40	
7 0 17 5	De frise, 1° d'épaisseur, un parement rainé, à..	4 0	
5 ½ 16 0	De 15 lig. d'épaisseur, 1 parement rainé, à. .	9 80	
8 ½ 11 5	De lambris, 1° d'épaisseur, assemblés à petits cadres par de petits panneaux de 6 lig. d'épaisseur, à.	4 90	
3 ½ 3 3	De lambris, 15 lig. d'épaisseur, assemblés à grand cadre de 2° de profil, à.	15 97	
1 ½ 2 0	De châssis à verre, avec moulures, de 2° d'épaisseur, à..	13 0	
	Au pied de hauteur.		
39p 0	D'élévation de croisées ordinaires à deux venteaux, châssis 15 lig.,		

Quantité.		Prix.	Totaux.
	et dormans 2° de 3^{p} 4° de large, à.	I 10	
103 o	De croisées semblables, mais de 3^{p} 11° de large,	I 20	
	Les articles appréciés en argent dans le cours du Mémoire, s'élèvent ensemble à la somme de.		
	TOTAL. . .		

FIN.

TABLE DES MATIÈRES.

Articles à la toise courante.

Articles en superficie.

Ouvrages divers.

Escaliers.

Pose à la toise courante.

FIN DE LA TABLE.

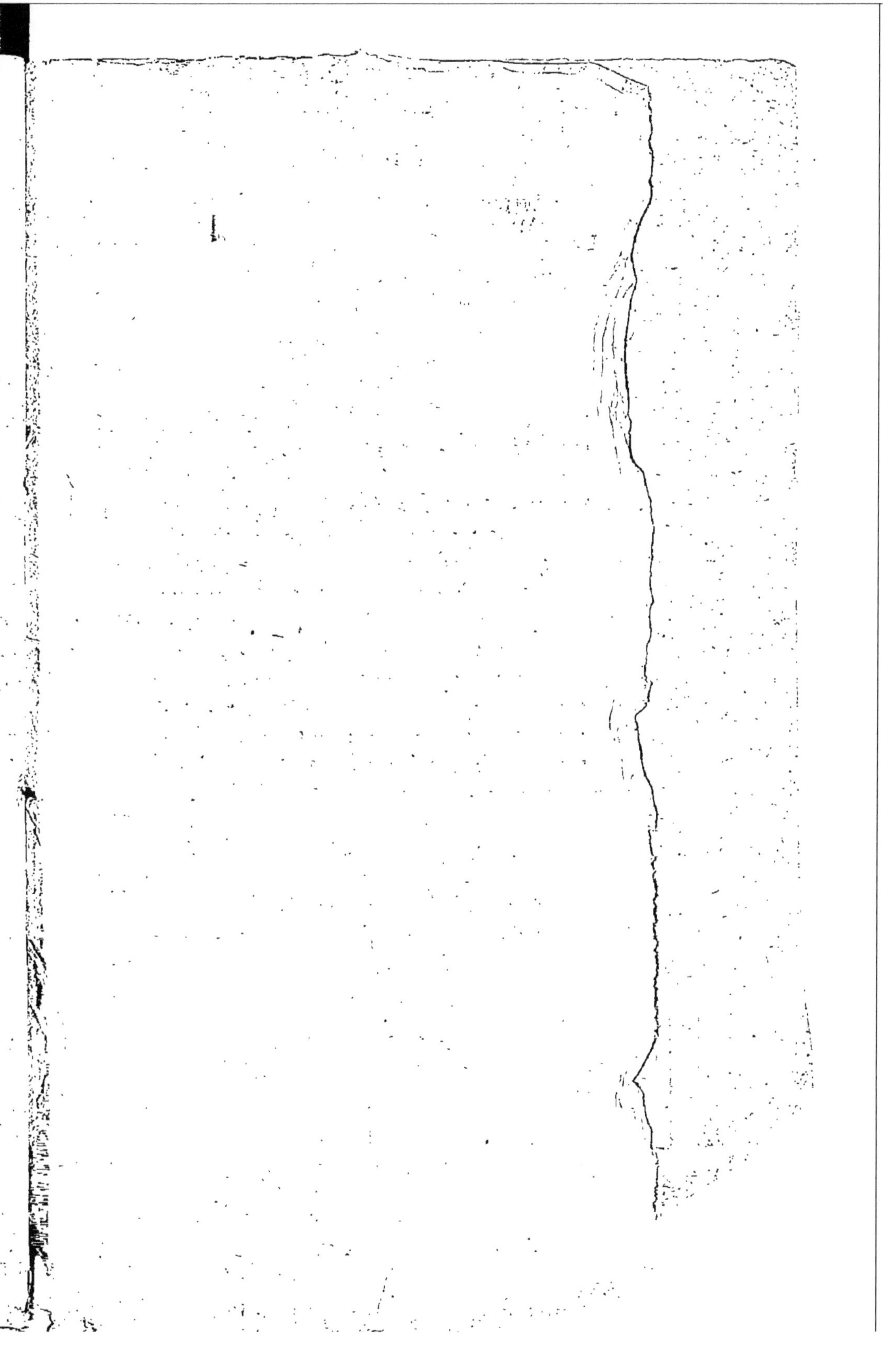

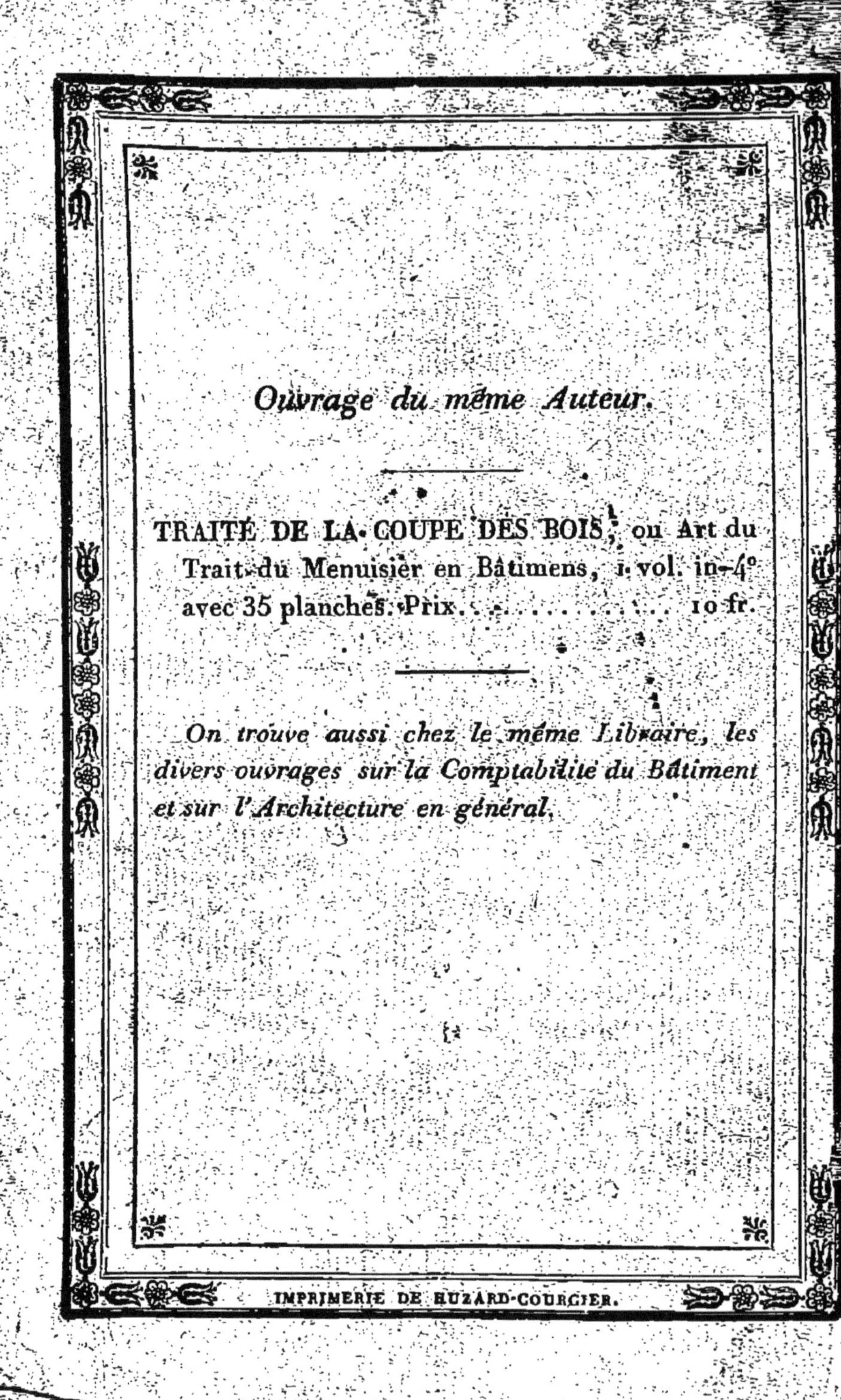

Ouvrage du même Auteur.

TRAITÉ DE LA COUPE DES BOIS, ou Art du Trait du Menuisier en Bâtimens, 1 vol. in-4° avec 35 planches. Prix . . . . 10 fr.

On trouve aussi chez le même Libraire, les divers ouvrages sur la Comptabilité du Bâtiment et sur l'Architecture en général.

IMPRIMERIE DE HUZARD-COURCIER.

www.ingramcontent.com/pod-product-compliance
Ingram Content Group UK Ltd.
Pitfield, Milton Keynes, MK11 3LW, UK
UKHW012049240726
13965UKWH00003B/1166

9 782013 060103